LES AVIONS
EN PAPIER

LES AVIONS
EN PAPIER

Nick Robinson

p

Copyright © 2005 pour l'édition française
Parragon

Réalisation : ML ÉDITIONS, Paris
Traduction : Hélène Piantone

ISBN : 1-40545-223-4

Imprimé en Chine

Sommaire

Introduction

La fabrication d'avions en papier est bien sûr une activité amusante, mais ce loisir passionnant pourrait vous emmener plus loin que vous ne l'imaginez. Chris Edge, qui détient actuellement le record du monde du vol le plus long pour un avion en papier, va vous expliquer ce que vous pourrez faire lorsque vous maîtriserez les pliages proposés dans cet ouvrage.

Première chose à faire : rassembler quelques amis et voir lequel réussit à réaliser l'avion le plus performant. En matière de compétition, il n'y a en fait que deux critères de comparaison possibles : quel est l'avion qui va le plus loin (concours de distance) ou lequel vole le plus longtemps (concours de durée). Les concours de distance sont relativement faciles à organiser. Il est simplement nécessaire de disposer d'une salle en longueur, comme un préau d'école. Mettez-vous d'accord sur le nombre de vols autorisés par participant et tracez sur le sol une ligne derrière laquelle vous lancerez votre avion, chacun à votre tour. Quand un avion atterrit, marquez sa position sur le sol.

Les concours de durée sont un peu moins simples à organiser, car il faut disposer d'une grande hauteur sous plafond, comme dans un gymnase, par exemple. De même, mettez-vous d'accord sur le nombre de vols autorisés par participant et, à l'aide d'un chronomètre, mesurez le temps mis par l'avion entre le lancement et l'atterrissage. Le gagnant est celui qui reste en vol le plus longtemps.

Ayant surtout participé à des concours de durée, je suis actuellement codétenteur du record du monde du vol le plus long en salle pour un avion en papier. J'ai atteint le record de 20,9 secondes en juillet 1996 dans un hangar à avions à Cardington dans le Bedfordshire en Angleterre, battant ainsi le record précédent détenu depuis de nombreuses années par l'Américain Ken Blackburn. L'avion que j'ai utilisé était un modèle simple, ressemblant à ceux indiqués dans cet ouvrage, mais je l'avais cependant perfectionné pendant plus de deux ans en réalisant des essais, en corrigeant mes erreurs et en appliquant quelques principes scientifiques.

Les concours de distance comme ceux de durée vous permettront d'expérimenter différents modèles. L'avantage de cette activité, c'est qu'un avion en papier se fabrique très vite et que, s'il ne vole pas bien, vous pouvez simplement le jeter à la poubelle pour le recyclage et en refaire un autre. Il vous est possible, en quelques minutes, de réaliser un modèle qui peut battre le record du monde.

Lorsque vous envisagez une compétition, n'oubliez pas ces quelques directives. Tout d'abord, pour débuter, conformez-vous à un pliage connu — la plupart des modèles décrits dans cet ouvrage conviennent très bien. Respectez les instructions, en pliant le papier exactement comme il est indiqué, sans hésiter à recommencer avec une nouvelle feuille si vous vous trompez. Assurez-vous d'avoir des pliures nettes en passant l'ongle sur le bord. L'avion volera d'autant mieux que les plis seront impeccables. Lorsque votre figure est terminée, faites quelques essais, sans lancer fort, et réglez les ailes pour voir si vous pouvez perfectionner le vol. Essayez ensuite de propulser un peu plus fort, mais continuez à y apporter des améliorations.

J'aime toujours participer aux concours de durée. Je ne sais jamais si mes avions battront le record du monde, mais c'est très amusant de tenter sa chance. Qui sait? Vous réaliserez peut-être un spécimen qui battra un record et, comme moi, vous passerez à la télévision.

Bonne chance!

Chris Edge,
Londres.

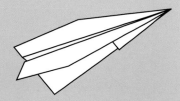

Brève histoire de l'aviation

**Si l'histoire de l'aviation est bien connue,
nul ne sait de façon certaine où et quand les premiers avions en papier
ont été lancés. Il est tout à fait possible qu'ils aient été inventés
dans l'Égypte ancienne et qu'ils aient été réalisés en papyrus.**

Nous savons que les Chinois confectionnaient déjà des cerfs-volants en papier il y a plus de 2000 ans, mais c'est le philosophe grec Aristote (384-322 av. J.-C.) qui fut le premier à exposer une théorie expliquant comment et pourquoi les objets peuvent voler, en se trompant cependant sur certains points.

Pour le génie universel Léonard de Vinci, on pourrait voler si l'on arrivait à reproduire le battement d'ailes de l'oiseau. C'est ainsi qu'il imagina les plans de son « ornithoptère ». Nous savons maintenant que ce type d'appareil n'est pas viable, bien qu'il existe des jouets qui arrivent à s'élever dans les airs. Il dessina également l'esquisse d'un hélicoptère rudimentaire, plusieurs centaines d'années avant l'invention de celui-ci. On pense qu'il a réalisé des expériences avec des avions en parchemin afin d'élaborer le principe du vol.

Ce n'est que 300 ans plus tard que le scientifique anglais sir George Cayley (1773-1857) jeta les bases des principes du vol tels que nous les connaissons aujourd'hui. Pour ses expériences, il mit en œuvre un certain nombre de planeurs et d'hélicoptères et comprit qu'il était important d'incliner légèrement les ailes vers le haut en un angle dièdre afin d'obtenir une meilleure stabilité (voir p. 18).

*Un Malais avec le cerf-volant
qu'il a fabriqué*

8

Fig. 4. — Croquis de Léonard de Vinci.

Dessins de Léonard de Vinci, 1508

Ses travaux débouchant sur le vol d'un objet plus lourd que l'air seraient passés inaperçus s'il n'y avait eu l'invention du ballon par les frères Montgolfier. Ils utilisèrent du papier pour fabriquer des ballons à air chaud, et leurs premiers ballons habités en 1783 étaient constitués de tissu doublé de papier.

La Société aéronautique de Grande-Bretagne fut créée en 1866 ; à peu près à la même époque, l'Allemand Otto Lilienthal (1848-1896) mit au point avec son frère un planeur capable de transporter un homme. Ils découvrirent que les ailes incurvées ont bien plus de portance que celles qui sont planes. Lilienthal construisit aussi le premier gouvernail rudimentaire, mais il se tua en 1896 lors d'un vol d'essai. Un Anglais, Percy Pilcher, avait volé dans un planeur Lilienthal

et, poursuivant les travaux de celui-ci, y adjoignit un habitacle sur roues. Il travaillait à la conception d'un moteur aéronautique lorsqu'une avarie touchant la queue de son planeur en plein vol causa sa mort.

Le premier véritable vol en avion est dû aux frères Wright le 17 décembre 1903 à Kitty Hawk en Caroline du Nord (États-Unis). Il n'est pas impossible qu'ils aient vu ou même utilisé des avions en papier. Encore aujourd'hui, la meilleure façon d'apprendre les principes fondamentaux du vol est de réaliser des expériences avec des feuilles de papier.

Les biplans primitifs laissèrent ensuite la place, à la fin des années 1930, à des monoplans aux moteurs plus puissants. En cette même période passionnante, l'Américain

*Les frères Wright
lors d'un atterrissage délicat*

John Northrop (1895-1981) testa ses idées avec des modèles en papier, peut-être à l'origine de son bombardier furtif !

La Seconde Guerre mondiale suscita de grandes avancées en aéronautique. À partir de 1939, alors que les biplans étaient encore très courants, apparurent le moteur à réaction et le moteur à turbine (ou turbopropulseur) qui permettaient presque d'atteindre la vitesse du son. Les Allemands inventèrent des modèles étranges, tout à fait d'avant-garde : ailes delta et conception asymétrique. Après la guerre, les Américains perfectionnèrent un certain nombre de leurs idées, ce qui déboucha en 1947 sur le premier vol supersonique effectué par Charles « Chuck » Yeager (né en 1923) à bord d'un Bell X-1. La vitesse du son est de 331 m par seconde au niveau de la mer. Cette vitesse est désignée par l'expression Mach 1, Mach 2 étant égal à deux fois la vitesse du son, et ainsi de suite.

Depuis 1947, les avions vont toujours plus vite et plus haut. Le premier VTOL (à décollage et à atterrissage verticaux) fut mis au point en Angleterre dans les années 1950 et existe toujours : c'est le Harrier Pump Jet. Au début de la conquête de l'espace, les avions ont atteint les limites de l'atmosphère, et on a cherché à les faire aller au-delà. Fruit de ces premières expériences, la navette spatiale de la NASA est un compromis parfait entre la fusée et l'avion. On étudie actuellement l'élaboration d'appareils spatiaux plus volumineux qui pourraient un jour emmener des passagers vers d'autres planètes.

Décollage de la navette spatiale américaine Discovery

Comment les avions volent-ils?

Un objet vole s'il reste en l'air un certain temps et évolue
d'une manière prévisible. Il existe deux types de vol : le vol motorisé
(à l'aide d'un moteur) et le vol plané, les avions en papier appartenant
bien sûr à cette seconde catégorie. Heureusement pour nous,
les principes s'appliquant à ceux-ci sont les mêmes que ceux
qui permettent aux avions à moteur de voler. À titre de démonstration,
prenons une simple feuille de papier.

Si vous laissez tomber une feuille de papier sur le sol, elle descend en tournoyant un peu au hasard. Techniquement, ce type de vol est instable. Si nous donnons au papier la forme d'un cône à l'aide d'un morceau de ruban adhésif ou d'une agrafe, sa trajectoire va changer complètement. Il retombera gentiment vers le sol et ira toujours dans la même direction. Le vol est plus stable et plus prévisible. Plus vous enroulez le cône, et plus il ira vite, car il glissera dans l'air plus facilement. Si vous le laissez tomber en même temps qu'une feuille de papier plate, il atterrira le premier, car il rencontre moins de résistance dans l'air. Si un objet est massif, il rencontre une certaine résistance, mais sa densité entre aussi en jeu. Une forme aérodynamique est plus adaptée et vole donc plus facilement. C'est la raison pour laquelle les voitures rapides et les avions ont des silhouettes effilées : ils pénètrent ainsi dans l'air plus facilement.

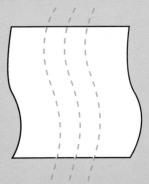

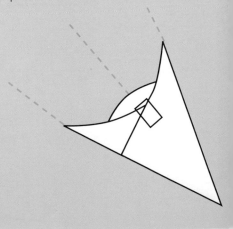

Nous pouvons aisément concevoir des avions aérodynamiques, mais il faut aussi qu'ils restent en l'air plus longtemps que le cône. Pour cela, nous devons créer de la portance.

Les expériences des premiers pionniers montrèrent que nous pouvons y parvenir en incurvant légèrement une aile. C'est la loi de Bernoulli qui explique que la pression de l'air sur une surface décroît au fur et à mesure que la vitesse de l'air s'accroît.

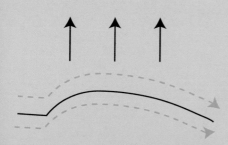

Si nous courbons le papier, l'air qui passe dessus devra se déplacer plus vite sur cette courbure, car il aura plus de distance à parcourir. Cela va créer une pression d'air moins importante sur le dessus de l'aile, et celle-ci tendra à s'élever. Ainsi se crée la portance. Vous pouvez vérifier ce principe en tenant une bande de papier du côté de la largeur devant votre bouche. Si vous soufflez au-dessus du papier, il s'élève. Cela est dû à l'augmentation de la vitesse qui abaisse la pression de l'air, générant ainsi de la portance.

Grâce à son moteur, un avion atteint une vitesse suffisante pour obtenir la portance nécessaire à son maintien en l'air. Un avion en papier étant relativement lent, il ne peut pas – même dans les meilleures conditions – rester en l'air plus de 20 secondes.

La portance est fonction de l'angle d'attaque, ou d'incidence ; en effet, elle augmente lorsque l'incidence augmente. Cela est vrai pour des valeurs d'angle ne dépassant pas 15° à 18° selon les modèles. Au-delà de cette valeur maximale, l'écoulement de l'air autour de l'aile entre en turbulence ; cela a pour effet de réduire brutalement la portance, qui devient alors inférieure au poids de l'avion. Dans ces conditions, l'appareil perd aussitôt de l'altitude... On dit que l'avion décroche. Nous construirons donc des avions qui devront voler correctement pour des angles d'incidence inférieurs à cette valeur limite.

La stabilité en vol

Si nous voulons que notre avion aille loin, il faut qu'il vole droit dans une direction précise, tandis que, si nous voulons qu'il reste longtemps en l'air, une courbe douce est plus adaptée. Dans ces deux cas, il est indispensable que l'attitude de vol ne change pas : l'avion doit être stable. Dans un véritable appareil, le pilote agit sur les surfaces mobiles, comme le gouvernail et l'aileron pour contrôler la stabilité. Un appareil peut tourner de trois façons possibles :

Le roulis

Si une aile s'abaisse tandis que l'autre s'élève, il y aura du roulis. Pour l'éviter, le pilote oriente l'aileron (voir glossaire). Avec un avion en papier, on règle l'angle des ailes.

Le tangage

Si l'arrière de l'avion plonge tandis que le nez s'élève, ou vice versa, l'appareil tangue. Pour y remédier, le pilote utilise le gouvernail de profondeur (voir glossaire). Avec un avion en papier, on modifie l'arrière des ailes.

Le lacet

Si une aile avance tandis que l'autre recule, l'avion a du lacet. Pour l'éviter, le pilote se sert du gouvernail. Sur un avion en papier, on rectifie le papier en queue du fuselage.

Malgré les modifications que nous pouvons y apporter, la trajectoire est déterminée par le point d'équilibre de l'avion. Si nous suspendons celui-ci à un fil, il est en équilibre seulement dans la mesure où ce fil est attaché à son centre de gravité. Ce point est déterminé par la disposition finale des épaisseurs de papier. Si le centre de gravité est bon, l'avion a plus de chances de réussir son vol. Le centre de gravité idéal se situe vers l'avant de l'appareil. En général, on met donc plus de papier à l'avant pour que celui-ci ait plus de poids.

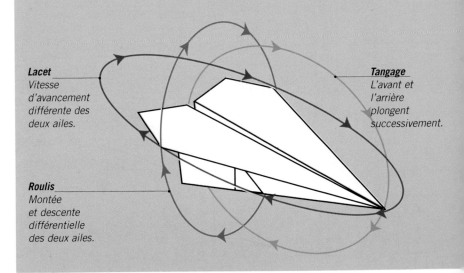

Lacet
Vitesse d'avancement différente des deux ailes.

Tangage
L'avant et l'arrière plongent successivement.

Roulis
Montée et descente différentielle des deux ailes.

Fabriquer un avion en papier

Le papier est l'un des matériaux les plus simples à travailler.
Ce n'est pas cher, on en trouve facilement, et il existe un grand choix
de couleurs et de motifs. La plupart des avions en papier sont réalisés
à partir d'un rectangle (certains à partir d'un carré), et nous pouvons trouver
quasi n'importe où du papier qui convient. Celui destiné aux photocopieurs
est idéal, et les ramettes sont bon marché. Les adeptes du papier plié
(origami) sont toujours à la recherche d'échantillons gratuits et font
bon usage des publicités déposées dans leur boîte aux lettres.

Pour faire un avion, mieux vaut utiliser un papier neuf d'un poids moyen. Le papier plus épais conviendrait, mais le modèle réalisé serait trop lourd. Le papier fin se déforme quand on le lance. Celui qui est resté à l'air pendant longtemps absorbe l'humidité ambiante et se ramollit, ce qui l'empêche de bien voler. Des types de papier moins chers, tels le papier de riz, le kraft de couleur et le papier affiche, conviennent pour des essais mais pas pour la compétition. Quand vous aurez maîtrisé la technique du pliage, vous chercherez un beau papier imprimé pour créer un avion personnalisé. Vous pouvez aussi le décorer à l'aide de stylos et de crayons de couleur.

Si le patron initial est un carré, vous pouvez soit utiliser du papier à origami, soit le découper vous-même. Il existe toute une variété de papiers spéciaux aux imprimés fantaisie qui donneront un aspect très professionnel à votre avion, mais cette solution

peut se révéler onéreuse. Il est facile d'obtenir un carré à partir d'un rectangle, et vous utiliserez alors le même type de papier pour toutes vos réalisations.

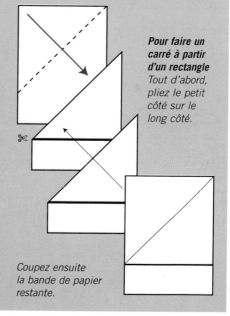

Pour faire un carré à partir d'un rectangle Tout d'abord, pliez le petit côté sur le long côté.

Coupez ensuite la bande de papier restante.

15

Le morceau de papier qui reste a pratiquement la même forme qu'un billet de 5 euros. Certains plieurs émérites, comme Stephen Weiss, ont conçu des modèles uniquement pour ce format. Pourquoi ne pas essayer ?

La technique de pliage

Pour plier, il faut disposer d'une surface plane, une table. Si vous débutez, faites une pause entre chaque pli pour observer la figure suivante. Avant de marquer le pli, assurez-vous que le papier est bien aligné. Si vous vous trompez, vous pouvez refaire la pliure, mais les anciens plis vous compliqueront la tâche et l'avion risque de voler moins bien.

Si un pli s'exécute plus facilement en retournant le papier ou (dans le cas des plis montagne) de haut en bas, adoptez la position la plus commode mais n'oubliez pas ensuite de remettre le papier à l'endroit, afin qu'il corresponde à la figure suivante. Pour un pliage net, il faut bien sûr partir d'un rectangle (ou d'un carré) impeccable.

Suivre les instructions

Dans cet ouvrage, les modèles proposés sont de difficulté croissante. Nous ne saurions trop vous recommander de les exécuter dans l'ordre. Les figures montrent les différentes étapes, dont la dernière est l'avion terminé. Regardez à chaque étape quelle est la figure suivante afin de voir quel est l'objectif à atteindre.

La première figure indique déjà des plis sur le papier. Ceux-ci sont toujours obtenus en pliant le papier en deux.

Les symboles

Les figures de pliage utilisent une série de symboles normalisés d'origami pouvant être compris par n'importe qui, quelle que soit sa langue. Les deux plis principaux sont le pli vallée, marqué par un pointillé, et le pli montagne, marqué par des traits et des points en alternance.

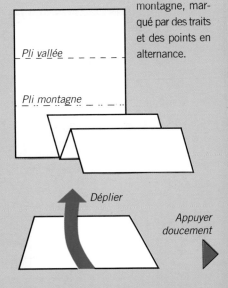

Voici d'autres consignes courantes : Déplier, Retourner la figure, Appuyer doucement.

Lorsque vous serez habitué à ces symboles, vous pourrez fabriquer des figures d'origami conçus n'importe où dans le monde. Si vous inventez un modèle personnel d'avion en papier, utilisez ces symboles pour rédiger les instructions de réalisation et envoyez-les au Mouvement français des plieurs de papier dont l'adresse est indiquée à la fin du livre.

Pour créer vos propres modèles

Si vous voulez vous lancer dans la création, faites des expériences à partir des modèles de base. Changez un pli et voyez l'effet sur l'avion terminé. Rajoutez des plis, suppri-mez-en; pour créer, nul besoin de suivre les schémas à la lettre! Des modèles très bizarres peuvent parfaitement voler. Au lieu d'un planeur, faites un OVNI ou un bombardier furtif. Sortez de l'ordinaire, fabriquez quelque chose qui tournoie ou virevolte. Le ciel est votre unique limite!

Réglage du vol

Trois principaux facteurs agissent sur le vol d'un avion en papier : l'angle de lancement, la vitesse de lancement et le dièdre.

L'angle de lancement

En théorie, on peut lancer l'avion dans n'importe quelle direction, vers le sol ou en l'air. En pratique, cependant, les angles possibles sont limités pour chaque avion si l'on veut qu'il vole bien.

Débutez en le propulsant vers l'avant et légèrement vers le sol, puis observez sa trajectoire et essayez de nouveau avec un angle un peu différent. Testez toute une variété d'angles pour voir celui qui convient le mieux à votre avion.

La vitesse de lancement

Certains avions volent mieux si on les propulse doucement, alors que d'autres doivent être lancés plus fort. Faites des expériences pour trouver la vitesse appropriée.

Dix conseils

1. Installez-vous dans un endroit tranquille afin de pouvoir vous concentrer.
2. Pour plier correctement, prenez votre temps.
3. Mettez-vous devant une table.
4. Ayez les mains bien propres.
5. Pliez lentement et soigneusement, en faisant des plis nets et précis.
6. Observez à l'avance l'étape suivante afin de voir l'objectif à atteindre.
7. Évitez les faux plis qui risquent de gêner le vol.
8. Ne lancez jamais l'avion vers quelqu'un.
9. N'abandonnez pas si votre avion ne vole pas très bien.
10. Soyez prêt à faire un certain nombre d'expériences.

Le dièdre

Roulis, tangage et lacet peuvent affecter un avion, mais le pire est souvent le tangage. Nous pouvons contrôler celui-ci en réglant le dièdre, c'est-à-dire l'angle que font les ailes par rapport à l'horizontale.

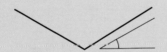

Pour donner du dièdre à notre avion, nous plions les ailes de façon que leur extrémité se relève légèrement. Si une aile baisse, la portance sur l'autre aile est réduite, ce qui

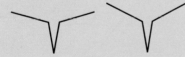

Vérifiez que les ailes ont le même angle

testez divers dièdres pour chaque modèle

fait revenir l'avion à une position plus stable. L'angle des ailes variera en fonction du modèle. Lorsque vous modifiez le dièdre, essayez toujours de faire en sorte que les deux ailes aient le même angle, sinon l'avion sera sujet au roulis.

Comme vous vous en doutez, ces trois facteurs sont interdépendants. Ainsi, l'augmentation du dièdre peut exiger un lancement plus doux. Au bout d'un certain temps, vous aurez appris à anticiper et à effectuer les réglages correspondants. Soyez patient et observez ce qui se passe pendant le vol.

La mise au point

De petites modifications apportées au bord de fuite (voir glossaire) peuvent beaucoup influer sur le vol. Courbez le papier assez légèrement à chaque fois, au cas où le résultat serait pire. En accentuant délibérément la courbure, vous transformerez l'avion en modèle de haute voltige capable de réaliser de spectaculaires acrobaties aériennes.

Le poids

Certains avions seront plus performants si on les fabrique avec de grandes feuilles de papier ; pour d'autres, ce sera des feuilles de petit format. Si le papier est trop léger, il sera emporté au moindre courant d'air. S'il est trop lourd, il ne volera peut-être pas du tout. Seule l'expérience vous permettra de trouver ce qui convient.

La hauteur

Si votre avion est conçu plus pour planer que pour la voltige, il volera d'autant mieux que vous le lancerez d'assez haut, par exemple d'une fenêtre.

Les compétitions

**Deux catégories principales sont reconnues sur le plan international :
la durée de vol et la distance, que l'on retrouve dans toutes
les manifestations, même si le jury commente également
les acrobaties et l'esthétique. Depuis les débuts de la compétition,
les distances et les temps n'ont cessé d'être améliorés :
ils sont actuellement établis respectivement
à 58,80 m et à 20,9 secondes.**

Le papier étant fragile, les manifestations ont lieu à l'intérieur, où il y a peu de courants d'air. Les lancements à l'extérieur donnent des résultats artificiels, soit bons, soit mauvais, selon la force et la direction du vent.

Pour chaque catégorie, différentes théories et techniques ont été élaborées.

La durée de vol

Le principe de base est de lancer l'avion verticalement aussi haut que possible. Si tout va bien, il amorcera alors une lente descente en courbe. Vous serez limité par la hauteur du plafond et la largeur dont vous disposez ; il est donc improbable que vous battiez un record, sauf si vous vous trouvez dans un grand gymnase, par exemple. Il faut être très souple pour propulser verticalement vers le haut : essayez donc.

Votre modèle doit être réglé pour se stabiliser dès qu'il atteint son point culminant.

Toute perte d'altitude signifie un temps de vol plus court. Une fois stabilisé, votre appareil perd un peu d'équilibre pour amorcer un large virage. L'idéal serait que celui-ci soit inférieur d'environ 1 m à la largeur de la salle.

Les professionnels règlent leur modèle initial de sorte que la courbe soit la plus grande possible. Le résultat dépend cependant en partie de la chance, car le papier ne se comporte jamais deux fois de la même façon.

La distance

Cette distance est mesurée du lieu de lancement au point précis où l'avion touche le sol. Vous n'obtiendrez de bons résultats que si votre avion est conçu pour voler en ligne droite. S'il vole en décrivant un cercle, il peut parcourir un certain trajet tout en atterrissant un peu loin, tel un corbeau. Si vous visez un parcours long, il y a deux possibilités : le missile et le planeur.

Le missile

C'est une méthode un peu rudimentaire, nécessitant surtout de la force. Après avoir choisi un modèle bien aérodynamique, vous le propulsez de toute votre énergie. Étant donné que l'on peut faire de même avec une boule de papier froissé, de nombreuses compétitions n'autorisent pas les avions qui ressembleraient trop à un missile.

Le planeur

Les caractéristiques naturelles de l'engin lui permettent d'aller le plus loin possible. Certaines manifestations proposent une catégorie dans laquelle on laisse tomber l'avion d'une hauteur donnée – en d'autres termes, point n'est besoin de le lancer. Cela permet à des enfants de concourir à chances égales.

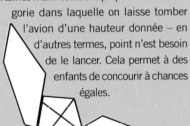

La double approche

En pratique, les concurrents qui réussissent le mieux utilisent au départ leur force pour lancer l'avion, puis ils le laissent planer sur le reste du parcours. Si vous propulsez un avion trop vite, les ailes peuvent se déformer et la stabilité comme la portance seront moindres. Souvenez-vous que vitesse et angle de lancement sont interdépendants.

La solution : une bonne préparation

Si vous envisagez de concourir, exercez-vous! Soyez suffisamment en forme pour vous mesurer aux meilleurs. Vous serez surpris de sentir combien vos bras sont douloureux après quelques heures de lancement enthousiaste! En outre, perfectionnez votre technique de pliage pour un résultat optimal. En compétition, vous n'aurez droit qu'à quelques tentatives. Il est donc indispensable de bien observer votre premier vol, d'en déduire les modifications nécessaires, puis de procéder à celles-ci.

RECORDS :

Temps de vol

Livre Guinness des records, Livre Guinness des records britanniques et Record d'origami :
20,9 secondes par Chris Edge & Andy Currey le 28 juillet 1996

Distance

Livre Guinness des records : 58,80 m par Tony Fletch le 21 mai 1985
Livre Guinness des records britanniques : 31,70 m par Andy Currey le 19 septembre 1997
Record d'origami : 28,70 m par Robin Glynne le 19 septembre 1997

Si vous décidez de tenter de battre ces records, il est indispensable de filmer vos essais. Il
ne suffit pas d'avoir un témoin, sauf si c'est un inspecteur du *Livre Guinness des records*. Il
faut également établir le record dans une salle de plus de 61 m de longueur.

RÈGLEMENT

Comme vous l'imaginez, il y a de nombreuses règles à respecter. Bien que vous soyez autorisé
à utiliser un petit morceau de ruban adhésif, la plupart des candidats s'en tiennent à la méthode
du pliage origami. Voici l'essentiel du règlement indiqué dans le *Livre Guinness des records* :

- Le record concerne la durée de vol ou la distance parcourue en salle par un avion en papier.
- Si l'avion percute quoi que ce soit alors qu'il est en vol, une personne, un mur ou le plafond, on considérera que le vol est terminé.
- L'avion doit être réalisé à partir d'une feuille de papier A4 ou de papier à lettre format américain.
- Le poids du papier ne doit pas dépasser 100 g/m^2.
- Le papier peut être découpé, mais tout morceau enlevé ne pourra en aucun cas être rajouté au modèle.
- Le papier adhésif transparent ordinaire est autorisé, mais seulement 3 cm par avion.
- Le papier adhésif peut être découpé en morceaux plus petits, mais il servira uniquement à fixer les plis et non pas à rajouter du poids, ni à orienter le vol.
- La colle est interdite.
- Dix tentatives sont autorisées pour battre le record.
- L'avion sera lancé par une seule personne à partir d'un point fixe. Cela signifie qu'il n'est pas permis de prendre de l'élan avant de lancer.
- Lors du lancement, les pieds ne doivent pas se soulever du sol intentionnellement. La hauteur de lancement est égale à la taille du lanceur portant des chaussures normales. Échasses interdites !
- Enfin, les candidats inscrits à une compétition de distance ne doivent ni toucher ni franchir la ligne au moment du lancer.

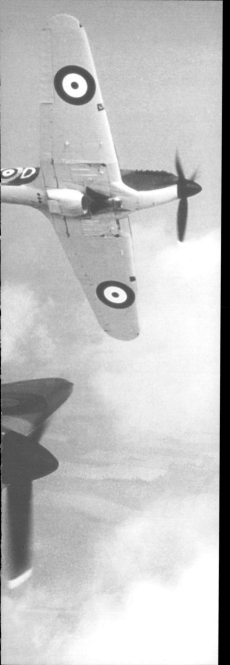

Modèles classiques

Pour faire partie des classiques, comme le Spitfire, un avion en papier doit avoir résisté au passage du temps. Les modèles présentés ci-après existent depuis longtemps et ont été appréciés par des milliers de personnes. Ces avions sont à la fois simples et jolis, et vous pourrez enseigner ces pliages à vos amis.

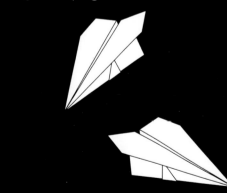

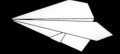

La fléchette

Ce modèle éprouvé est non seulement l'un des plus simples à réaliser
mais aussi l'un des plus performants. Même si nul ne connaît la date
de son invention, des adeptes du monde entier l'ont fabriqué
et ont eu grand plaisir à le lancer.

1 Commencez par
une feuille A4
pliée en deux
dans le sens de la
longueur. Rabattez
deux angles
sur ce pli central.

2 Rabattez encore
ces deux bords
pliés sur le pli
central.

Pliez l'avion
en deux.
3

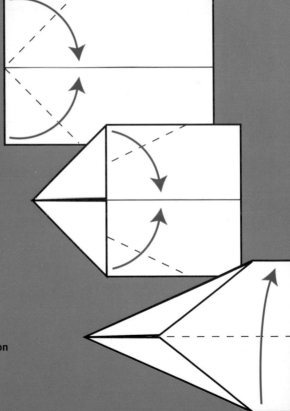

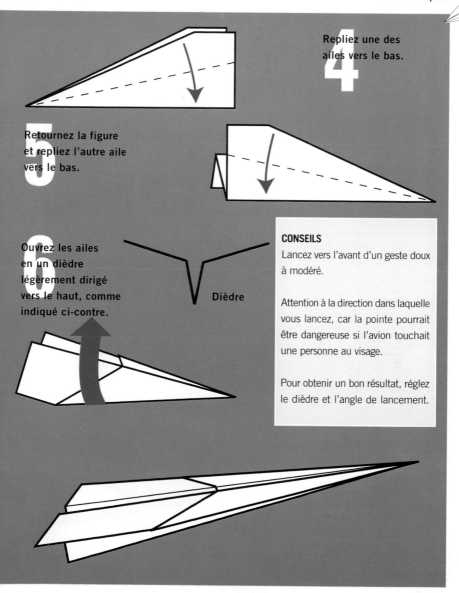

4
Repliez une des ailes vers le bas.

5
Retournez la figure et repliez l'autre aile vers le bas.

6
Ouvrez les ailes en un dièdre légèrement dirigé vers le haut, comme indiqué ci-contre.

Dièdre

CONSEILS

Lancez vers l'avant d'un geste doux à modéré.

Attention à la direction dans laquelle vous lancez, car la pointe pourrait être dangereuse si l'avion touchait une personne au visage.

Pour obtenir un bon résultat, réglez le dièdre et l'angle de lancement.

Le faucon

Ce modèle traditionnel plane magnifiquement même si,
au premier abord, il semble très complexe. Il vole aussi sans les plis.
Certaines personnes coupent l'arrière de l'avion pour créer une queue
allongée. C'est joli, mais peut-être pas très efficace.

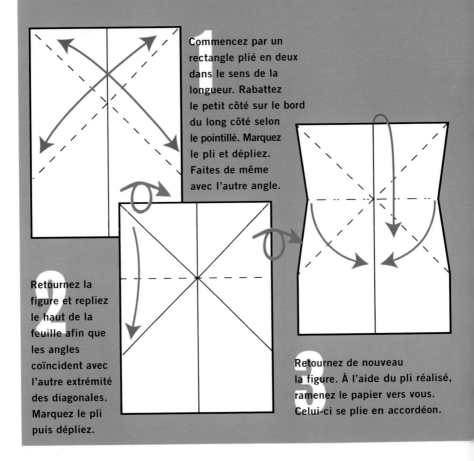

Commencez par un rectangle plié en deux dans le sens de la longueur. Rabattez le petit côté sur le bord du long côté selon le pointillé. Marquez le pli et dépliez. Faites de même avec l'autre angle.

Retournez la figure et repliez le haut de la feuille afin que les angles coïncident avec l'autre extrémité des diagonales. Marquez le pli puis dépliez.

Retournez de nouveau la figure. À l'aide du pli réalisé, ramenez le papier vers vous. Celui-ci se plie en accordéon.

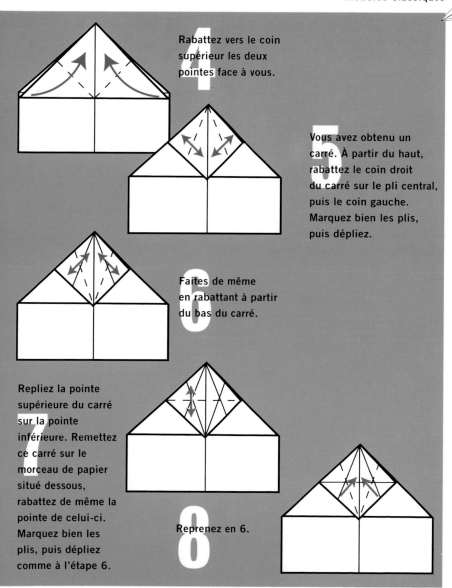

4
Rabattez vers le coin supérieur les deux pointes face à vous.

5
Vous avez obtenu un carré. À partir du haut, rabattez le coin droit du carré sur le pli central, puis le coin gauche. Marquez bien les plis, puis dépliez.

6
Faites de même en rabattant à partir du bas du carré.

7
Repliez la pointe supérieure du carré sur la pointe inférieure. Remettez ce carré sur le morceau de papier situé dessous, rabattez de même la pointe de celui-ci. Marquez bien les plis, puis dépliez comme à l'étape 6.

8
Reprenez en 6.

9 Repliez toute la pointe soigneusement vers l'arrière en suivant le pointillé indiqué par la flèche rouge. En observant la figure suivante pour voir l'objectif à atteindre, faites sortir deux pointes en haut.

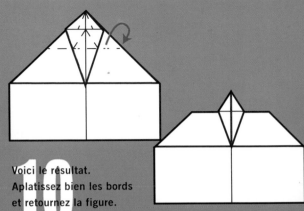

10 Voici le résultat. Aplatissez bien les bords et retournez la figure.

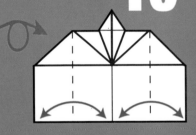

11 Rabattez les bords de chaque aile sur le pli central et dépliez. Retournez la figure de nouveau.

12 Refaites des plis sur le côté gauche en rabattant le bord sur le pli le plus proche, puis sur le pli situé au milieu du côté opposé.

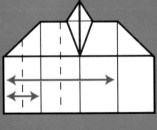

13 Faites de même sur l'aile droite.

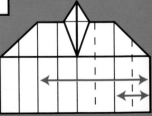

14 Dépliez à moitié tous les plis en vous assurant que l'avion est identique des deux côtés.

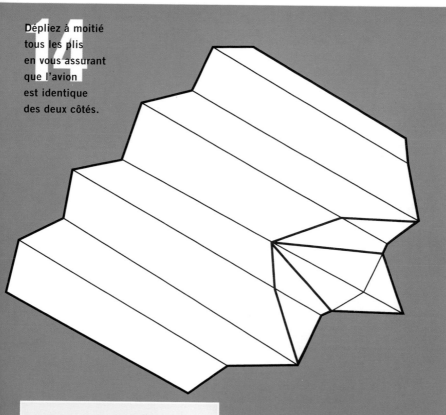

CONSEILS

Donnez de la hauteur à votre avion en le lançant verticalement en l'air.

Plus vous le lancerez haut, plus vous augmenterez la stabilité des ailes en accordéon.

Faites d'autres essais en variant la profondeur des plis.

Le planeur

C'est un modèle bien connu, qui est en fait une fléchette
élaborée. Il fait appel à une technique mise au point
par Eiji Nakamura, expert en avions en papier.
Cette technique s'exécute à l'étape 5.

1 Commencez par
une feuille A4
pliée en deux
dans le sens de la
longueur. Rabattez
les pointes gauches
vers le pli central.

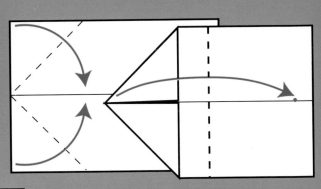

2 Rabattez la pointe gauche sur
le point rouge indiqué ci-dessus
par la flèche. Assurez-vous que
cette pointe est bien sur le pli
central. Observez la figure
suivante pour voir quel est
l'objectif à atteindre.

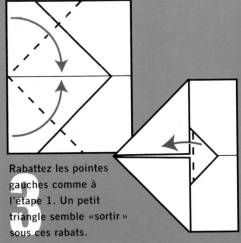

3 Rabattez les pointes
gauches comme à
l'étape 1. Un petit
triangle semble «sortir»
sous ces rabats.

4 Repliez ce petit triangle vers la
gauche. Cela maintiendra les rabats
en place lorsque l'avion sera en vol.

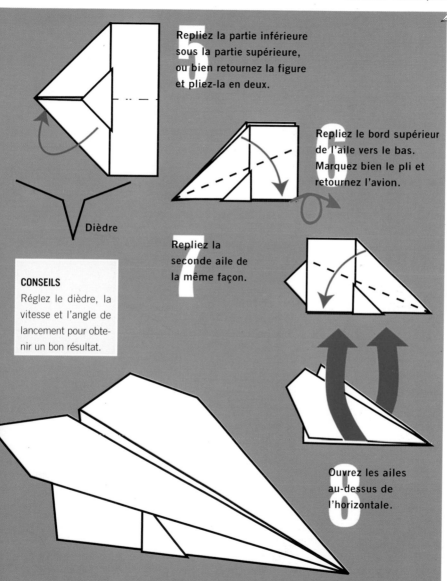

Repliez la partie inférieure sous la partie supérieure, ou bien retournez la figure et pliez-la en deux.

Repliez le bord supérieur de l'aile vers le bas. Marquez bien le pli et retournez l'avion.

Dièdre

Repliez la seconde aile de la même façon.

CONSEILS

Réglez le dièdre, la vitesse et l'angle de lancement pour obtenir un bon résultat.

Ouvrez les ailes au-dessus de l'horizontale.

La Caravelle

Ceci est la variante d'un pliage traditionnel et, malgré sa simplicité,
l'engin vole bien. Si cette Caravelle ne vous pose pas de problème,
vous pouvez essayer la variante où le fuselage est maintenu.
Voici un bon exemple qui montre qu'avec un peu de réflexion
et quelques expériences, on peut facilement améliorer un modèle de base.
Observez bien les autres avions décrits dans cet ouvrage
et voyez si vous pouvez les perfectionner !

Commencez par
un rectangle plié
en deux dans
le sens de la
longueur. Pliez
le petit côté sur
le bord du long
côté. Marquez
le pli et dépliez.
Faites de même
avec l'autre coin.

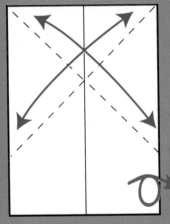

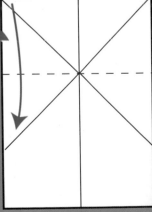

Retournez la figure et repliez
le haut de la feuille afin que
les angles coïncident avec
l'autre extrémité des diagonales
que vous venez de faire.
Marquez le pli et dépliez.

3 Retournez de nouveau la figure. À l'aide du pli réalisé, ramenez doucement le papier vers vous. Celui-ci se plie en accordéon.

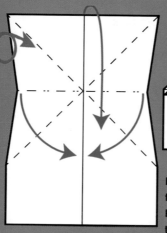

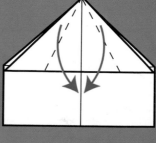

4 La partie supérieure de la figure est donc un triangle. Repliez les deux bords du triangle qui est face à vous vers le bas et vers l'intérieur afin qu'ils s'alignent sur le pli central.

5 Rentrez les deux petites pointes à l'intérieur.

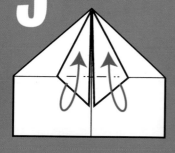

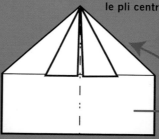

6 Pliez en deux vers l'arrière en suivant le pli central.

7 Repliez le bord de la feuille le long du pli central. À cause des épaisseurs de papier près du pli, il se peut que l'alignement ne soit pas parfait.

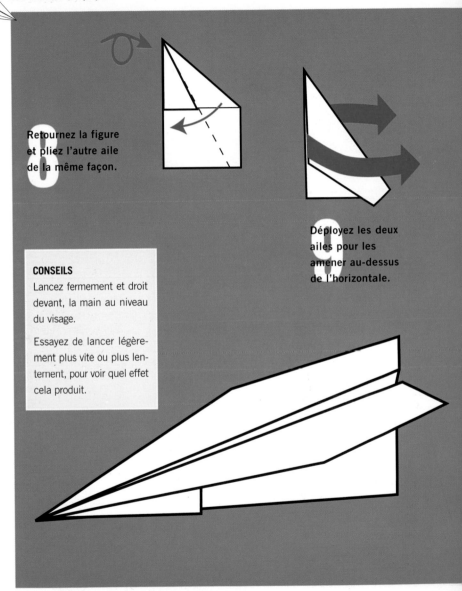

8 Retournez la figure et pliez l'autre aile de la même façon.

9 Déployez les deux ailes pour les amener au-dessus de l'horizontale.

CONSEILS

Lancez fermement et droit devant, la main au niveau du visage.

Essayez de lancer légèrement plus vite ou plus lentement, pour voir quel effet cela produit.

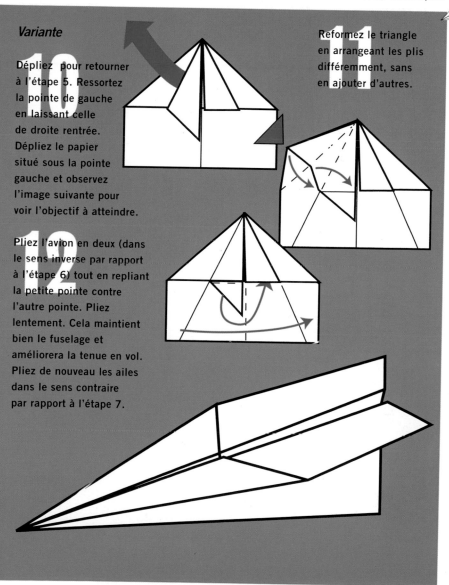

Variante

10 Dépliez pour retourner à l'étape 5. Ressortez la pointe de gauche en laissant celle de droite rentrée. Dépliez le papier situé sous la pointe gauche et observez l'image suivante pour voir l'objectif à atteindre.

11 Reformez le triangle en arrangeant les plis différemment, sans en ajouter d'autres.

12 Pliez l'avion en deux (dans le sens inverse par rapport à l'étape 6) tout en repliant la petite pointe contre l'autre pointe. Pliez lentement. Cela maintient bien le fuselage et améliorera la tenue en vol. Pliez de nouveau les ailes dans le sens contraire par rapport à l'étape 7.

Modèles actuels

Utilisant des techniques de pliage expérimentées ces dernières années, ces modèles sont plus élaborés que les modèles traditionnels. À l'instar du Northrop Flying Wing (ci-contre), qui s'est transformé de manière inattendue en bombardier furtif, ils deviendront peut-être eux-mêmes des classiques. Qui sait ?

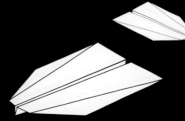

L'Alpha-Jet

L'origami inventé par l'auteur part d'un carré plutôt
que d'un rectangle. La forme du papier pose des problèmes
(par exemple des épaisseurs gênantes), ce qui peut aboutir
à des solutions inhabituelles et passionnantes !
La variante de la fin donnera des « yeux »
si votre papier est d'une couleur différente au verso.

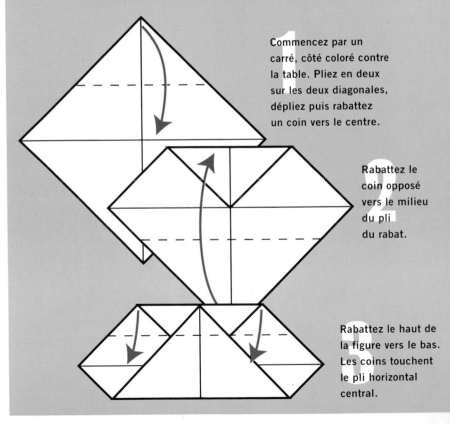

1 Commencez par un
carré, côté coloré contre
la table. Pliez en deux
sur les deux diagonales,
dépliez puis rabattez
un coin vers le centre.

2 Rabattez le
coin opposé
vers le milieu
du pli
du rabat.

3 Rabattez le haut de
la figure vers le bas.
Les coins touchent
le pli horizontal
central.

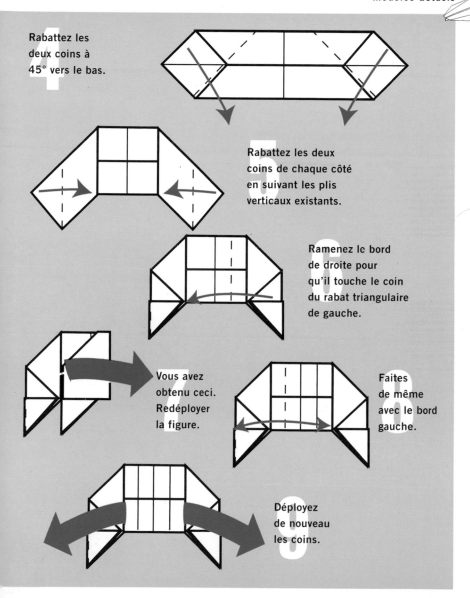

4 Rabattez les deux coins à 45° vers le bas.

5 Rabattez les deux coins de chaque côté en suivant les plis verticaux existants.

6 Ramenez le bord de droite pour qu'il touche le coin du rabat triangulaire de gauche.

7 Vous avez obtenu ceci. Redéployer la figure.

8 Faites de même avec le bord gauche.

9 Déployez de nouveau les coins.

10 Rabattez le bord supérieur vers le bord central intérieur.

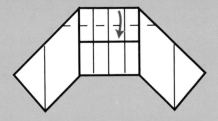

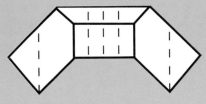

11 Reformez les plis comme indiqué ci-contre pour mettre l'avion en forme. Suivez bien le schéma.

12 Comme variante, vous pouvez replier l'extrémité de chaque aile sous celle-ci.

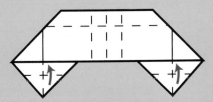

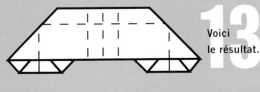

13 Voici le résultat.

Dièdre

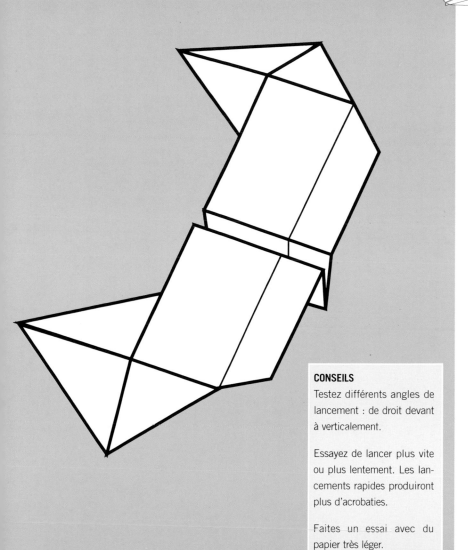

CONSEILS

Testez différents angles de lancement : de droit devant à verticalement.

Essayez de lancer plus vite ou plus lentement. Les lancements rapides produiront plus d'acrobaties.

Faites un essai avec du papier très léger.

Le triplan

Cet avion doit son nom au triangle équilatéral
qui forme le pliage de base, et non au nombre de ses ailes.
Il est facile de plier à 60°,
à condition d'aligner précisément le papier à l'étape 3.

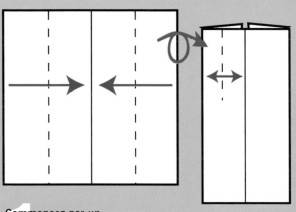

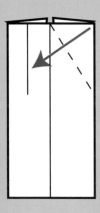

1 Commencez par un
carré plié en deux.
Dépliez. Repliez les
côtés vers le centre et
retournez la figure.

2 Repliez le bord
vers le centre
mais pas sur toute
la longueur. Ce sera
un repère pour
l'étape suivante.

3 En commençant le pli
au milieu du bord
supérieur de la feuille,
rabattez le coin droit
jusqu'au pli réalisé à
l'étape 2. Observez la
figure suivante pour voir
l'objectif à atteindre.

Rabattez maintenant le coin gauche de la même façon.

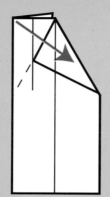

Voici le résultat. Rabattez le triangle ainsi formé vers le bas, pliez en marquant bien le pli et dépliez.

Redéployez le papier pour retrouver le carré initial et retournez.

Rabattez le haut en vous servant du pli réalisé à l'étape 5.

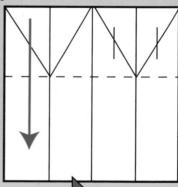

À l'aide des plis existants, ramenez le coin inférieur droit vers le haut en aplatissant le papier à droite et formant ainsi un nouveau pli.

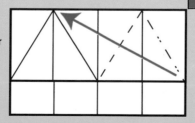

Faites de même
de l'autre côté.

9

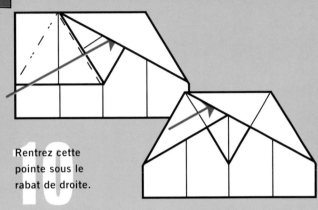

Rentrez cette
pointe sous le
rabat de droite.

10

Aplatissez bien
la figure. Ramenez
la pointe du petit
triangle vers le
milieu du bord
supérieur.

11

Repliez le bord des
ailes vers l'intérieur
en l'alignant sur le
pli central. Observez
la figure suivante
pour voir l'objectif
à atteindre.

12

Voici le résultat.
Retournez
la figure.

13

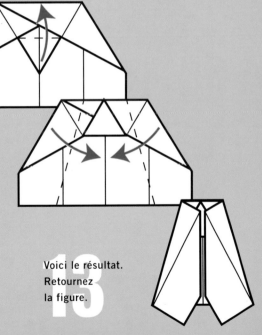

14 Pliez la figure en deux.

15 Déployez les ailes : c'est terminé.

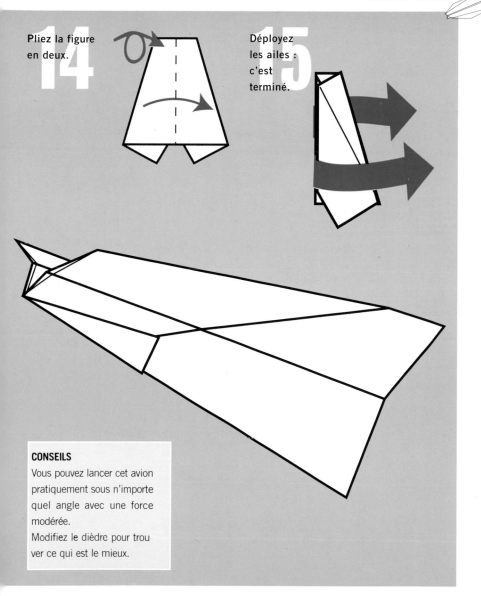

CONSEILS

Vous pouvez lancer cet avion pratiquement sous n'importe quel angle avec une force modérée.

Modifiez le dièdre pour trou ver ce qui est le mieux.

L'aile volante

Ce modèle fait d'excellents vols planés lents et longs.
Tous les plis doivent être exécutés aussi précisément que possible,
en vous assurant que le papier est bien positionné
avant d'aplatir le pli.

Commencez par une feuille A4 pliée en deux dans le sens de la longueur. Pincez le milieu de ce pli pour trouver le centre du rectangle. Ce repère vous aidera à localiser pratiquement tous les plis. Repliez un des coins vers ce repère indiqué en rouge.

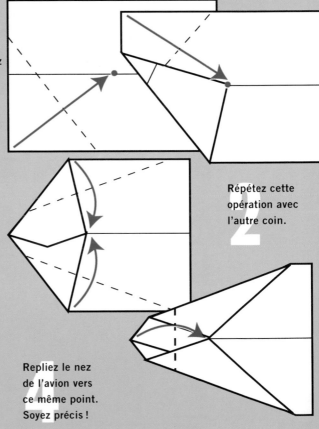

Répétez cette opération avec l'autre coin.

Repliez les deux coins externes vers ce même point.

Repliez le nez de l'avion vers ce même point. Soyez précis !

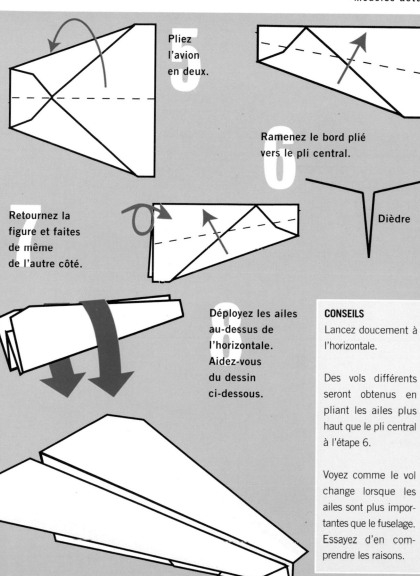

5 Pliez l'avion en deux.

6 Ramenez le bord plié vers le pli central.

7 Retournez la figure et faites de même de l'autre côté.

Dièdre

8 Déployez les ailes au-dessus de l'horizontale. Aidez-vous du dessin ci-dessous.

CONSEILS

Lancez doucement à l'horizontale.

Des vols différents seront obtenus en pliant les ailes plus haut que le pli central à l'étape 6.

Voyez comme le vol change lorsque les ailes sont plus importantes que le fuselage. Essayez d'en comprendre les raisons.

Le tigre

La largeur de l'aile comparée à l'étroitesse du fuselage
en fait un planeur lent très stable.
Les premiers plis exécutés à 60° sont identiques
à ceux du triplan (p. 42).

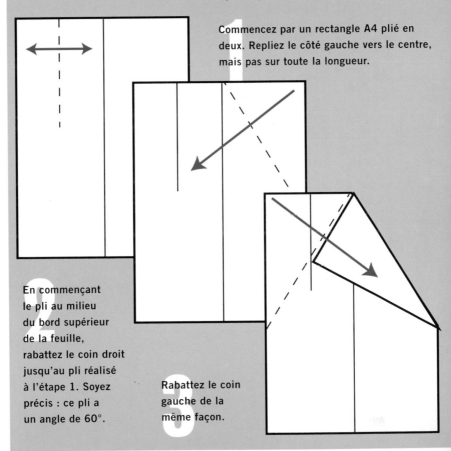

Commencez par un rectangle A4 plié en
deux. Repliez le côté gauche vers le centre,
mais pas sur toute la longueur.

En commençant
le pli au milieu
du bord supérieur
de la feuille,
rabattez le coin droit
jusqu'au pli réalisé
à l'étape 1. Soyez
précis : ce pli a
un angle de 60°.

Rabattez le coin
gauche de la
même façon.

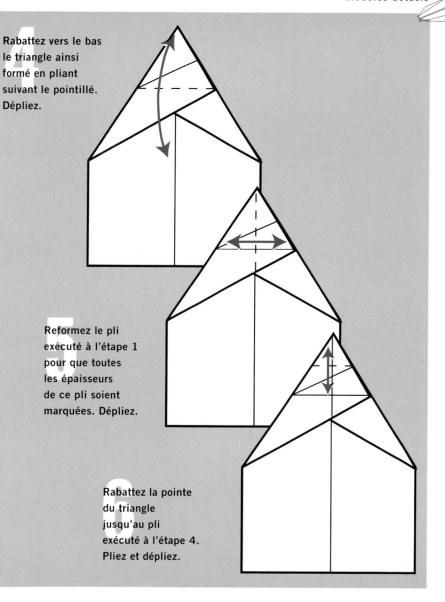

4 Rabattez vers le bas le triangle ainsi formé en pliant suivant le pointillé. Dépliez.

5 Reformez le pli exécuté à l'étape 1 pour que toutes les épaisseurs de ce pli soient marquées. Dépliez.

6 Rabattez la pointe du triangle jusqu'au pli exécuté à l'étape 4. Pliez et dépliez.

49

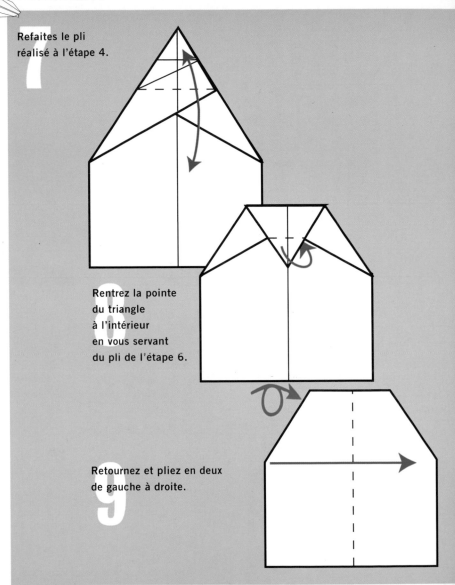

Refaites le pli réalisé à l'étape 4.

7

Rentrez la pointe du triangle à l'intérieur en vous servant du pli de l'étape 6.

8

Retournez et pliez en deux de gauche à droite.

9

10 Faites un pli en partant du coin inférieur droit pour arriver au coin supérieur droit. Soyez précis ! Répétez cette opération pour l'autre côté.

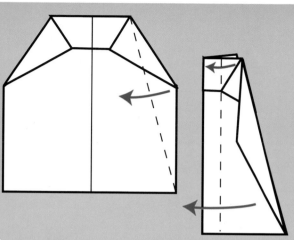

CONSEILS

Lancez doucement l'avion droit devant.

Modifiez le dièdre pour voir ce qui convient le mieux.

Dièdre

11 Repliez les deux ailes vers le bas de façon que les deux coins se touchent au nez de l'avion. Pour terminer, déployez les ailes légèrement au-dessus de l'horizontale. Le rebord des ailes flotte un peu.

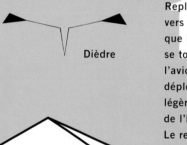

Modèles du futur

On peut faire voler une feuille de papier de nombreuses façons. Voici quelques exemples qui font des vrilles, tournoient et ouvrent de nouveaux horizons. Laissez libre cours à votre imagination pour transformer certains des modèles présentés ci-après.

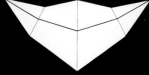

Le delta

Les lignes épurées de ce pliage ont été inspirées
par une graine d'Amérique du Sud qui peut « voler » à plus de 2 km
de son arbre d'origine. Il demande un réglage soigneux
mais fera un beau vol plané quand il sera bien équilibré.

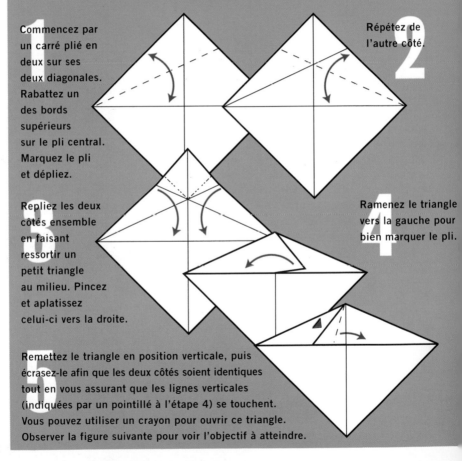

1 Commencez par un carré plié en deux sur ses deux diagonales. Rabattez un des bords supérieurs sur le pli central. Marquez le pli et dépliez.

2 Répétez de l'autre côté.

3 Repliez les deux côtés ensemble en faisant ressortir un petit triangle au milieu. Pincez et aplatissez celui-ci vers la droite.

4 Ramenez le triangle vers la gauche pour bien marquer le pli.

5 Remettez le triangle en position verticale, puis écrasez-le afin que les deux côtés soient identiques tout en vous assurant que les lignes verticales (indiquées par un pointillé à l'étape 4) se touchent. Vous pouvez utiliser un crayon pour ouvrir ce triangle. Observer la figure suivante pour voir l'objectif à atteindre.

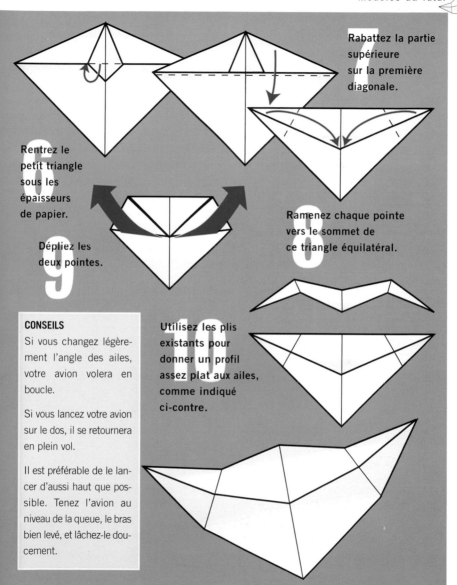

7 Rabattez la partie supérieure sur la première diagonale.

6 Rentrez le petit triangle sous les épaisseurs de papier.

8 Ramenez chaque pointe vers le sommet de ce triangle équilatéral.

9 Dépliez les deux pointes.

CONSEILS

Si vous changez légèrement l'angle des ailes, votre avion volera en boucle.

Si vous lancez votre avion sur le dos, il se retournera en plein vol.

Il est préférable de le lancer d'aussi haut que possible. Tenez l'avion au niveau de la queue, le bras bien levé, et lâchez-le doucement.

10 Utilisez les plis existants pour donner un profil assez plat aux ailes, comme indiqué ci-contre.

Le chasseur-fusée

Si les voyages dans l'espace s'intensifient,
voici à quoi pourraient ressembler les navettes spatiales.
Les ailes au bord légèrement cassé procurent une certaine stabilité dans
l'atmosphère, mais elles ne sont pas nécessaires au-delà.

1 Commencez par un carré plié en deux. Repliez deux angles sur le pli central.

2 Repliez la pointe supérieure vers l'intérieur, à l'endroit où les deux angles se touchent. Marquez bien le pli et dépliez.

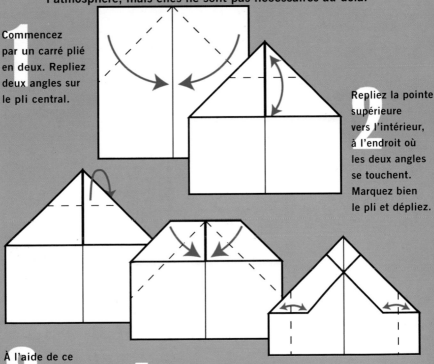

3 À l'aide de ce pli, rabattez la pointe supérieure vers l'arrière.

4 Rabattez chaque extrémité du bord supérieur vers le point où les deux angles se touchent. Observez la figure suivante pour voir l'objectif à atteindre.

5 Faites un petit rabat au bord de chaque aile. Dépliez.

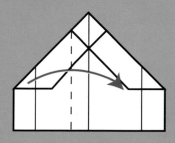

Pour former le corps de l'aile, pliez de façon que le bord de l'aile s'aligne sur le coin indiqué par la flèche rouge.

La figure ressemble à ceci. Dépliez et répétez ce pliage sur l'autre aile.

Retournez la figure et rabattez vers le bas le petit carré situé en haut de celle-ci.

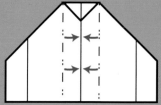

À l'aide des plis déjà réalisés, donnez sa forme au fuselage et agencez les ailes en suivant le profil ci-dessous.

CONSEILS

Vitesse et angle de lancement importent peu.

Le réglage du bord des ailes vous permettra de réaliser des acrobaties et des boucles (loopings).

Pour un vol plané lent et stable, courbez très légèrement la partie arrière du bord des ailes.

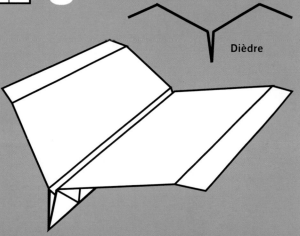

Dièdre

La vrille

Voici un aéroplane qui dégringole en faisant des boucles.
Si on le réalise avec du papier de couleur vive,
l'effet produit est encore plus réussi.

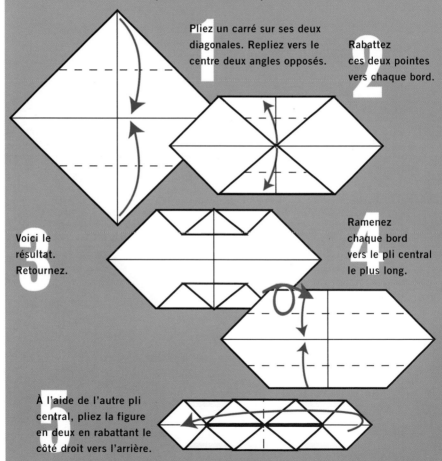

1 Pliez un carré sur ses deux diagonales. Repliez vers le centre deux angles opposés.

2 Rabattez ces deux pointes vers chaque bord.

3 Voici le résultat. Retournez.

4 Ramenez chaque bord vers le pli central le plus long.

5 À l'aide de l'autre pli central, pliez la figure en deux en rabattant le côté droit vers l'arrière.

58

6 Faites un petit rabat afin que les angles de droite touchent les pointes des petits triangles.

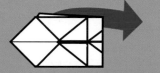

7 La figure se présente ainsi. Dépliez le rabat effectué à l'étape 5.

8 Positionnez le petit rabat central à angle droit par rapport au reste.

CONSEILS

Tenez l'avion en son centre et lancez-le en inclinant légèrement le poignet. Cela déclenche les vrilles, qui continuent lors de la descente de l'avion grâce à la pression de l'air. Une feuille de papier plus grande donnera des vrilles plus lentes.

Plus vous lancez de haut, plus la durée de vol sera longue.

Si vous exécutez ce pliage dans une feuille de papier uni, vous pouvez dessiner des yeux ouverts d'un côté et des yeux fermés de l'autre. Lors de la descente en vrille, vous aurez l'illusion d'un clignement d'œil!

À vous de jouer pour créer d'autres illusions d'optique!

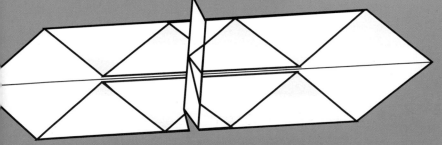

La soucoupe volante

Pour ce modèle traditionnel, bien que le pliage soit très simple,
il y a un tour de main à acquérir.
N'abandonnez pas trop vite ; quand vous arriverez
à faire voler la soucoupe tout autour d'une pièce,
vous voudrez aussitôt montrer cette prouesse à vos amis.

1 Prenez un rectangle
de papier mince
d'une longueur
égale au double
de la largeur.
Dimensions idéales :
15 x 7,5 cm.

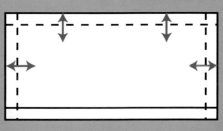

2 Repliez une petite
bande sur l'un des
bords, marquez bien
le pli et dépliez.

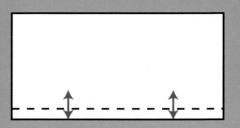

3 Faites de même
sur les trois autres
bords. Ces quatre
petits rabats doivent
rester légèrement
obliques.

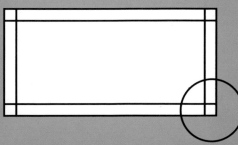

Rajoutez un petit pli en pinçant chaque angle.

Voici le résultat.

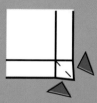

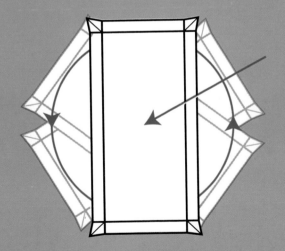

CONSEILS

Faites comme si vous montriez quelque chose du doigt. Posez le milieu de la soucoupe volante sur ce doigt et maintenez-la en place avec le même doigt de l'autre main, qui vient dans le prolongement de ce premier doigt. Lorsque vous commencez à avancer, la soucoupe se met à tourner et vous enlevez votre deuxième doigt, qui ferait obstacle à la rotation.

N'avancez pas trop vite, et la soucoupe volante restera sur votre doigt en tournant joyeusement.

Si vous voulez vraiment avoir la tête qui tourne, tournez sur vous-même.

Ralentissez votre mouvement sans que le papier cesse de tourner.

Quand vous aurez de l'assurance, réalisez ce pliage dans des feuilles légèrement plus grandes ou plus petites, pour voir l'effet.

Est-ce que la soucoupe tourne toujours dans le même sens? Comment expliquez-vous cela?

Glossaire aéronautique

Aileron Petite surface articulée d'une aile d'avion, qui contrôle l'équilibre latéral.

Angle d'attaque (ou d'incidence) Angle sous lequel l'aile de l'avion pénètre l'air.

Asymétrique Se dit d'un avion dont les ailes n'ont pas la même forme.

Avion de voltige Appareil pouvant réaliser de spectaculaires acrobaties.

Axes Plans selon lesquels un avion peut tourner, indiqués par X-X, Y-Y et ainsi de suite.

Bord d'attaque Bord avant d'une aile d'avion.

Bord de fuite Bord arrière d'une aile d'avion.

Canard Avion dont le gouvernail de profondeur est placé à l'avant du fuselage et non pas à l'arrière comme à l'accoutumée.

Contrôle latéral Fait de faire rouler un avion (c'est-à-dire tourner autour de son axe longitudinal).

Décrochage Chute au sol non contrôlée quand la force de gravité est plus grande que la portance.

Dièdre Angle formé par les ailes de l'avion par rapport à l'horizontale.

Fuselage Corps de l'avion.

Gouvernail de direction Plan vertical mobile situé à l'arrière permettant de changer de direction.

Gouvernail de profondeur Petite surface de contrôle horizontale située à l'arrière, articulée, qui règle les mouvements de haut en bas.

Instable Appareil dont la trajectoire est incontrôlable.

Lacet Mouvement provoqué par le fait qu'une aile avance plus que l'autre.

Mach Rapport entre la vitesse d'un avion et celle du son se propageant dans le même milieu.

Ornithoptère Type de machine volante qui ressemble à un oiseau.

Portance Force dirigée vers le haut qui agit sur les ailes.

Profil aérodynamique Surface qui, comme l'aile d'un avion, est connue pour produire plus de portance que de traînée (qui est la résistance à l'avancement) quand elle se déplace dans l'air.

Roulis Mouvement provoqué par le fait qu'une des ailes est plus haute que l'autre.

Saumon Extrémité de l'aile d'un avion.

Stable Se dit d'un avion qui vole sans roulis, tangage ni lacet.

Supersonique Appareil capable de dépasser la vitesse du son.

Surfaces mobiles Toutes les parties de l'avion qui agissent sur son attitude en vol.

Tangage Mouvement du nez de l'avion qui s'élève et plonge alternativement.

Taux de roulis Mesure de la vitesse avec laquelle un avion peut effectuer un tonneau, ou rouler.

Trajectoire Trajet de l'avion dans l'air.

Voilure à écoulement laminaire Aile conçue pour créer moins de résistance dans l'air qu'une aile conventionnelle.

Voilure en flèche Aile dont les bords d'attaque et de fuite sont repliés vers l'arrière (afin de réduire la résistance de l'air, ou traînée, à grande vitesse).

Voilure à grande portance Aile spécialement conçue pour créer une portance plus grande que celle produite par une aile conventionnelle.

VTOL (Vertical Take Off and Landing) Appareil pouvant décoller et atterrir verticalement.

Index

Remerciements

Je voudrais remercier les membres de la Société britannique d'origami pour leurs conseils et leurs encouragements au fil des années, notamment lord Brill, Edwin Corrie, Mark Kennedy, David Mitchell, Paul Jackson, Wayne Brown, Paulo Mulatinho et bien d'autres encore. Que soient remerciés également ment Ken Blackburn de m'avoir fait profiter de ses grandes connaissances en matière de vol aérien et, enfin, Penny Groom.

L'auteur

Professeur d'origami, Nick Robinson enseigne cette discipline, et l'art du pliage en général, notamment dans les écoles, les bibliothèques, les clubs de jeunes et les hôpitaux. Il a travaillé avec des personnes de tout âge et de toute condition physique, même des handicapés à la fois visuels et auditifs. Ses créateurs d'origami préférés sont David Brill, Kunihiko Kasahara et Philip Shen.
Nick Robinson a participé à des émissions de télévision et de radio. Il a écrit d'autres ouvrages sur le même sujet, qui ont été publiés dans treize pays. Depuis plus de dix ans, il siège au conseil d'administration de la Société britannique d'origami, rédige des articles et crée des modèles pour le magazine qu'elle publie. S'intéressant beaucoup à l'informatique et à Internet, il prépare le contenu des pages du site en ligne de la Société. Ancien guitariste professionnel, il continue à se produire en solo, improvisant de la musique d'ambiance.

Adresse utile

Mouvement français des plieurs de papier
mfpp.free.fr
56, rue Coriolis
75012 PARIS.
Un téléphone / répondeur est à la disposition des adhérents
et de tous ceux qui souhaitent s'informer sur les différentes activités
au 01 43 43 01 69.